Britta Kohl

Die kreative Lunchbox für Kinder – 21 Tipps und Tricks, wie die Vesperbox garantiert leer gegessen wird!

Die kreative Lunchbox für Kinder

- 21 Tipps und Tricks, wie die Vesperbox garantiert leer gegessen wird!

Inhaltsverzeichnis

Einleitung 5

Die 9 wichtigsten Fragen und Antworten zur kindlichen Ernährung 7

Ernährung im Kleinkindalter 11

21 Tipps und Tricks, wie die Lunch box garantiert leer gegessen wird 14

1. Die perfekte Brotdose 14
2. Auf die Ordnung kommt es an 14
3. Nie wieder braunes Obst..14
4. Gekühlt schmeckt besser..15
5. Nutzen Sie Ausstechformen 15
6. Werden Sie kreativ 16
7. Schildkröten aus Traube und Kiwi 16
8. Toast Monster 16
9. Die Themenboxen 17
10. Kleine Frühstücksschnecken......................................17
11. Neugierde wecken...18
12. Die kleine Raupe Nimmersatt....................................18
13. Melonen Teller 19
14. Brotgesichter 19

15. Das Zaubermüsli 20
16. Gesunde Schiffchen 20
17. Der Obst-Igel 21
18. Nanu? Mama gibt mir Kuchen zum Frühstück? 21
19. Mumien-Würstchen 22
20. Knusperriegel selbst herstellen 22
21. Selbst ist das Kind! 24

Schlusswort *25*

Bonus *28*
Brotaufstriche – aber bitte selbstgemacht! 28
Powerriegel für kleine Abenteurer 30
Schnell, einfach, lecker – Kids Highlights! 32
Süße Kuchen für süße Kinder 34

Es hat Ihnen gefallen...? *36*

Mein Geschenk für Sie! *37*

Von mir gibt es noch weitere Bücher... .... *39*

Einleitung

Ernährung ist ein wichtiges Thema, womit sich alle Eltern einmal in der Erziehung beschäftigen sollten.
Die richtige Ernährung für Kinder bedarf nur ein paar wenigen Regeln und kann ganz leicht umgesetzt werden.

Hierbei gibt es diese einfachen Grundregeln für eine ausgewogene Kost zu beachten:

- Seien Sie stets sparsam mit Gewürzen! Salz oder Zucker sollten nur in Maßen in Kinderkost zu finden sein.
- Süßigkeiten und fettreiche Kost, sowie Fertigprodukte sollten auch vermieden werden
- Verwenden Sie reichlich pflanzliche Lebensmittel wie Gemüse, Kartoffeln, Obst und Getreide
- Bieten Sie nur in Maßen tierische Lebensmittel wie Fisch, Wurst, Eier und Fleisch an. Ebenso sollten Milchprodukte wie Quark, Käse oder Joghurt nur in kleinen Mengen gegeben werden.
- Lassen Sie Ihr Kind stets reichlich Flüssigkeit zukommen. Wasser und ungesüßte Tees sind hier ganz oben auf der Liste!

Begeben Sie sich auf die Reise ins Land des gesunden Essens für Kinder und nehmen sie alles mit, was Sie benötigen.

Und falls doch nochmal eine Frage auftaucht, nehmen Sie das Buch zur Hand und lesen Sie nach.
Gesunde Ernährung kann so einfach sein!

Dieser Ratgeber wird Ihnen leckere Rezepte aber auch wissenswerte Informationen rund ums Essen bei Kleinkindern liefern, sodass auch bald für Sie Gesunde Ernährung zu einem alltäglichen Gebrauch wird.

Probieren Sie es aus und Sie werden sehen, dass es gar nicht so schwierig ist gesund, aber dennoch lecker zu kochen!

Sie werden staunen, wie schnell die Lunch box leer gegessen wird. Dafür gibt es einfache Tipps und Tricks, die Sie in den nachfolgenden, leckeren Rezepten finden.
Ich wünsche Ihnen genussvolle Momente mit Ihren Kleinsten und hoffe, dass auch Ihr Kind bald nichts anderes mehr essen möchte!

Die 9 wichtigsten Fragen und Antworten zur kindlichen Ernährung

1. Was hat die Ernährung mit der Entwicklung zu tun?

In den ersten Lebensjahren ist die Ernährung einer der wichtigsten Bestandteile der kindlichen Entwicklung. Sie sichert das Wachstum, beugt Krankheiten vor, stärkt das Abwehr- und Immunsystem und verringert Zustände des Mangels an Nährstoffen, die der Körper benötigt um sich zu entwickeln. Die ersten Jahre Ihres Kindes sichern die Essgewohnheiten, die es ein Leben lang mit sich mit führen wird.

2. Warum ist gesunde Ernährung so wichtig?

Zucker, Fast Food und Konservierungsstoffe machen Kinder nicht nur Krank und Übergewichtig, sondern wirken sich auch negativ auf das kindliche Hirn aus. Unser Gehirn benötigt verschiedene Nährstoffe, die man in gesunden Lebensmitteln findet, um seine Prozesse „richtig" zu durchlaufen. Fehlen diese Nährstoffe, können sogar Kinder schon depressiv werden und durch ein geschwächtes Immunsystem schnell krank werden.

3. Warum isst mein Kind so wenig?

Da es so viel Tolles zu entdecken gibt, möchten Kinder meist nicht die Zeit mit Essen verschwenden. Viele Kinder haben Phasen, da essen sie so wenig, dass die Eltern sich sorgen. Dies müssen Sie aber nicht! Es ist noch kein Kind verhungert, obwohl der Teller vor ihm stand. Wenn Ihr Kleinstes Hunger hat, wird es essen. Hat es keinen Hunger, zwingen Sie es nicht zu essen! Dies kann das Thema für das Kind sehr negativ beeinflussen.

4. Wie oft sollte es essen?

Der Magen eines Kindes wächst von Jahr zu Jahr, sodass man nun auch damit rechnen kann, dass eine Portion nicht ausreicht. Kinder essen so viel sie brauchen.
Ab 2 Jahren kann man zu den üblichen Mahlzeiten noch eine Zwischenmahlzeit hinzufügen. Manchmal reicht einfach ein Haferkeks oder ein Stück Obst zum Naschen zwischendurch. Wichtig ist, dass das Kleinste feste Essenszeiten hat und eine Struktur vorliegt.

5. Schokolade und Co – Ja oder Nein?

Definitiv Ja! Denn verbieten können Sie es spätestens dann nicht mehr, wenn der leckere Geburtstagskuchen auf dem Tisch steht. Dennoch sollten Sie damit bewusst umgehen. Richten Sie mit Ihrem Kind eine „5 Minuten Süßigkeiten Pause“ ein. Ein Mal am Tag darf es sich dann eine Sache aussuchen, die Sie gemeinsam genießen.

6. Pizza und Co – Was dürfen Kinder essen?

Mit 2 – 3 Jahren dürfen Kinder natürlich auch mal ein Stück Pizza oder Fritten essen. Dennoch sollte dies nicht zur Hauptenährung der Kleinsten gehören.
Pizza lässt sich jedoch auch ganz einfach „gesund" herstellen. Anstatt der fettigen Salami und dem vielen Käse kann man ganz einfach Gemüse nehmen und daraus eine Pizza machen. Es ist gesund und für die Kleinen ist es immer noch Pizza!
Auch Ketschup kann man ganz leicht selbst herstellen, ohne auf die industrielle Variante zurückgreifen zu müssen. Pürieren Sie einfach Tomaten und würzen Sie diese leicht. Für die Kinder sieht es aus wie Ketschup und wird auch als dieser angenommen, ist aber viel gesünder als der aus der Flasche.

7. Der Löffel ist nur Requisite – Warum isst mein Kind mit den Händen?

Die Nahrung ist etwas, was Kinder erst kennenlernen müssen. „Mit Essen spielt man nicht" hört man aus allen Häusern der Stadt, dennoch dürfen Kinder in den ersten Kontakten mit dem neuen Essen auch die Hände benutzen.

Manche sind in der Feinmotorik noch nicht soweit, dass sie den Löffel aufrecht zum Mund führen können und nutzen deshalb die Hände. Andere müssen erst fühlen und ertasten, was denn da gleich in den Mund landet. Lassen Sie Ihrem Kind diese Erfahrungen machen!

8. Wann kann ich sehen, ob mein Kind Allergien hat?

Allergien können bereits in den ersten Monaten sichtbar werden. Deshalb ist es besonders wichtig, bei der Einführung von Beikost Schritt für Schritt die Lebensmittel einzuführen, um zu sehen, ob das Kind diese verträgt. Hier ist aber wiederum auch zwischen einer Unverträglichkeit und einer Allergie zu unterscheiden. Während Unverträglichkeiten zu Durchfall oder einem leichten Ausschlag führen können, sind Allergien meist hartnäckiger und können sogar Atemnot oder andere schwerwiegende Reaktionen auslösen. Suchen Sie dann auf jeden Fall einen Arzt auf!

9. Wie kann ich es schaffen, dass mein Kind seine Lunch box zum Vesper leer isst?

Kinder essen immer als erstes mit den Augen! In diesem Ratgeber finden Sie spannende Tipps und Kniffe, wie Sie es schaffen können, dass die Lunch box ab sofort immer leer nach Hause kommt. Seien Sie gespannt und lesen Sie einfach weiter!

Ernährung im Kleinkindalter

Genau wie bei Erwachsenen, können Kinder beim Thema Ernährung Vorlieben und Abneigungen entwickeln. Ebenso ist die Menge des gegessenen oft unterschiedlich. Manchmal wird viel gegessen, manchmal weniger.
Um ein gesundes Essverhalten zu entwickeln, brauchen Kinder Vorbilder. Was Mama und Papa essen ist meist interessanter, als das, was man selbst in der Lunch box hat. Die Lust am erkunden neuer Geschmäcker steigt an und alles Neue muss ausprobiert werden.
Auch die Geduld der Eltern wird nun auf eine harte Probe gestellt. Kinder erkunden die Welt stets mit allen Sinnen. Das heißt, das Essen wird in die Hände genommen, es wird gematscht, sie riechen, schmecken und fühlen daran. Die Vesper box kommt aus dem Kindergarten zurück und alles ist noch drin, aber zermatscht und zerbröselt!
Manche Lebensmittel müssen öfter angeboten werden, bis Ihr Kind diese akzeptiert, andere werden erst mal nicht akzeptiert und können zu einem späteren Zeitpunkt nochmal angeboten werden.
Das Essverhalten der Kleinsten kann sich von heute auf morgen ändern, was Ihnen aber keinerlei Sorgen machen sollte.

Wichtig ist, dass das Richtige in die Lunch box kommt. Was für die aller Kleinsten (1 -2 Jahre) nicht enthalten sein sollte ist:

- Zwiebeln, Hülsenfrüchte und vor allem Kohl, sollten vermieden werden, da Kinder dadurch schmerzhafte Bähungen bekommen können

- rohe tierische Lebensmittel wie rohes Ei, Süßspeisen mit rohem Ei oder auch rohes Fleisch oder Fisch sollten im ersten Lebensjahr keinesfalls gegeben werden, da diese zu lebensbedrohlichen Magen Darm Erkrankungen führen können.

- kleine harte Lebensmittel wie Nüsse, Beeren oder auch Rosinen sind gefährlich, da sie zur Erstickung führen können.

- Fettiges Essen wie Fleisch oder in Fett gebackenes sind für Kleinkinder schwer verdaulich und sollte nicht verabreicht werden.

Ältere Kinder können soweit alles essen, was auch die Erwachsenen essen. Man sollte nur stets darauf achten, dass es nicht zu stark gewürzt ist oder Schärfe enthält.

Auch bei den Getränken sollte man ein wachsames Auge auf die Kleinen haben. Zuckerhaltige Softdrinks oder auch Fruchtsäfte haben bei Kindern nichts verloren. Am besten sollte man stets ungesüßten Tee oder Wasser reichen. Aufpeppen kann man dieses mit einem Spritzer Zitrone oder auch Minze. Absehen sollte man unbedingt von Limonade und Säften, die voll mit Konservierungsstoffen, Zucker und Aromen sind. Sie schaden nicht nur den Zähnen, sondern dem kompletten Körper der Kinder. Werden Sie hier einfach kreativ. Zaubern Sie leckere Smoothie aus Obst oder Gemüse oder bereiten Sie Kinder Cocktails aus pürierten Obst und etwas Milch oder Wasser zu. Solange es bunt und grell ist, finden Kinder es klasse! Und was da so genau drin ist, müssen sie ja auch nicht immer wissen, oder?

Auch eine gesunde Versperbox für die Kleinen zusammen zu stellen ist nicht schwer. Man benötigt keine besonderen Zutaten, nur etwas Kreativität und Fantasie. Wie auch Sie es schaffen können, dass die Lunch box ab sofort immer leer gegessen wird, möchte ich Ihnen nun zeigen.
Nachfolgend werde ich Ihnen 21 leckere und schnelle Rezepte und Kniffe mit auf den Weg geben, damit Sie sich nie wieder Sorgen machen müssen, dass Ihr Kind zu wenig gegessen hat!

Und nun heißt es:

Auf die Plätze, fertig, kreativ sein!

21 Tipps und Tricks, wie die Lunch box garantiert leer gegessen wird

1. Die perfekte Brotdose

Die halbe Miete haben Sie sich schon gespart, wenn die Brotdose perfekt ist!
Kaufen Sie diese gemeinsam mit Ihren Kleinsten ein oder lassen Sie diese sogar personalisieren. Findet Ihr Kind die Vesperbox toll, wird diese auch öfter genutzt und garantiert leer gegessen!

2. Auf die Ordnung kommt es an

Wer mag schon Trauben gemischt mit Wurstbrot und Bananen-Matsch?
Niemand. Es sieht unappetitlich aus und kein Kind möchte dies noch essen, nachdem es in der Kita-Tasche kräftig geschüttelt wurde. Ordnen Sie am besten alles in kleinen Silikon Muffin Förmchen an, sodass es nicht verrutschen kann. Wenn Ihr Kind die Dose öffnet, strahlen es bunte „Blumen“ (Muffin Förmchen) an und der Appetit wird durch den Anblick schon angeregt!

3. Nie wieder braunes Obst

Wer mag schon die Vesperbox öffnen und ein brauner Apfel strahlt einen an? Damit Ihnen das nicht passiert, schneiden Sie den Apfel in Scheiben, legen Sie ihn wieder zu einem Apfel zusammen und wickeln Sie Frischhaltefolie drum herum. So ist er Verzehr fertig und bleibt frisch und knackig.

4. Gekühlt schmeckt besser

Draußen sind es 30 Grad und das Wurstbrot vegetiert vor sich hin. Klar, dass kein Kind mehr Lust hat dieses zu essen. Aber mit diesem Trick, wird es nie wieder labbriges Wurstbrot geben! Frieren Sie Trinktütchen ein und legen Sie diese als „Kühlakku“ zu den Lebensmitteln in die Dose. Sie halten das Brot frisch und tauen bis zur Vesper Zeit auf. Mit diesem einfachen Trick schlagen Sie gleich 2 Fliegen mit einer Klappe!

5. Nutzen Sie Ausstechformen

Ein langweiliges Toastbrot mit Käse macht keinen Appetit. Wie wäre es aber, wenn das Toast plötzlich ein großer Stern ist, den man mit einem Happs verspeisen kann? Stechen Sie Brot oder auch Wurst und Käse mit Ausstechformen aus und Ihr Kind wird strahlen, wenn es die Vesperbox öffnet und ihm verschiedene Motive entgegen scheinen.

Mit einem schnellen Kniff ist dies in wenigen Minuten zubereitet. Und ich bin mir sicher, dass es dann noch besser schmeckt!

6. Werden Sie kreativ

Obst und Gemüse sind zwar gesund und lecker, aber überzeugen Sie davon mal Ihre Kleinsten. Ein toller Lifehack ist hier: Kreieren Sie daraus tolle Sachen! Schnitzen Sie aus der Paprika kleine Boote oder machen Sie leckere, kleine Spieße aus verschiedenen Beeren. Ihrer Fantasie sind keine Grenzen gesetzt! Noch mehr tolle Ideen finden Sie in den nachfolgenden 15 Tipps und Kniffen!

7. Schildkröten aus Traube und Kiwi

Schneiden Sie Kiwis in Scheiben, stechen Sie Zahnstocher hindurch und machen Sie den Kopf und die Füße aus Trauben. Sieht lustig aus und schmeckt bestimmt viel besser als Kiwi am Stück.

8. Toast Monster

Natürlich sieht ein Toastbrot nicht lecker aus. Es hat vier Ecken und ist total langweilig. Viel besser schmeckt

Toastbrot, wenn es wie ein Monster aussieht! Drücken Sie das Toastbrot etwas platt und belegen oder bestreichen Sie es mit einer Wunsch-Zutat des Kindes. Rollen Sie es nun ein und schneiden es in dicke Scheiben. Oben stecken Sie kleine Beeren oder auch Trauben als Augen hinein. Die dicken kleinen Monster werden sicherlich ganz schnell im Mund Ihres Kindes verschwinden!

9. Die Themenboxen

Heute wartet ein kleiner Zoo in der Dose auf dich und morgen vielleicht eine Unterwasserwelt! Überlegen Sie sich für jeden Tag ein Thema! Nehmen Sie Ausstechformen in Form von Tieren und stechen Sie Gemüse und Käse damit aus. Schnitzen Sie aus einer Gurke kleine Meeresalgen oder aus dem Brot einen Seestern. Werden Sie kreativ und überraschen Sie Ihr Kleinstes jeden Tag mit einer neuen spannenden Box. Und vielleicht gibt es nur ein neues Thema, wenn die Box leer gegessen wird? Lassen Sie sich etwas einfallen!

10. Kleine Frühstücksschnecken

Sehr lecker und schaut toll aus! Backen Sie kleine „Pizza Schnecken“ mit einer gesunden Füllung. Nehmen Sie als Kopf der Schnecke ein Stück Möhre oder aber auch eine kleine Wurst. Pizza findet jedes Kind toll und dass dies keine „echte“ ist, muss ja niemand wissen. Machen Sie gesunde kleine Frühstücksschnecken und Sie werden sehen, wie schnell die Vesperbox leer gefuttert wird!

11. Neugierde wecken

Machen Sie Ihre Kinder neugierig! Legen Sie bei älteren Kindern unter jedes Lebensmittel eine kleine Rätselaufgabe oder eine Nachricht. Erst wenn es leer gegessen wurde, kann man diese sehen. Bei den Kleineren kann man nette Bildchen reinlegen oder vielleicht kleine Sticker. Motiveren Sie Ihre Kinder dazu die Box leer zu essen, um den geheimen Schatz zu finden! Neugierde lässt Kinder wahre Berge wegfuttern, Sie werden schon sehen!

12. Die kleine Raupe Nimmersatt

Eine lustige Idee ist es auch, einen Spieß mit Trauben zu machen und als Kopf eine kleine Tomate zu nehmen. Die kleine Raupe Nimmersatt kennt garantiert jedes Kind und wer möchte sie nicht einmal vernaschen, so wie sie all die leckeren Sachen vernascht hat?

13. Melonen Teller

Die Vesperbox öffnet sich und Tadaa! Keine langweiligen Stücke liegen darin, sondern ein großer Melonen Teller! Halbieren Sie eine Melone und schneiden Sie eine dicke Scheibe davon ab. Stechen Sie zum Beispiel mit einer Herz Ausstechform drei nebeneinander liegende Formen aus. Füllen Sie die Formen mit Beeren oder auch Gemüse. Der Melonen Teller will natürlich selbst vernascht werden, weshalb alles was drin liegt erst weg muss. Eine kreative, tolle und schön anzusehende Idee, um Kindern Appetit auf etwas zu machen!

14. Brotgesichter

Ein Brot mit Frischkäse sieht langweilig aus und schmeckt bestimmt sowieso nicht, denken sich Ihre Kinder sicherlich. Diese Brote schmecken aber köstlich! Bestreichen Sie ein Brot mit Frischkäse, legen Sie oben zwei Erdbeeren oder anderes Wunsch-Obst als Ohren darauf und in die Mitte noch ein Stück Obst oder Gemüse als Nase. Als kleines „Bonbon" schmücken Sie das Brot noch mit Salzstangen, die als Schnurrbart Härchen dienen und fertig ist eine süße kleine Katze, die darauf wartet verspeist zu werden. Alternativ kann man auch einfache Gesichter aus Obst und Gemüse legen und zum Beispiel Gurkenstreifen als Haare nutzen oder das Stückchen

Möhre als Mund. Auch hier müssen Sie nur etwas Kreativität an den Tag legen und schon wird das langweilige Brot zu einem echten Hingucker und vor allem Gaumenschmaus.

15. Das Zaubermüsli

Auch ein Müsli kann man in der Vesperbox gut verstauen. Die Milch dazu kann man in ein kleines Gefäß füllen und hinzu geben. Alternativ kann man auch Naturjoghurt nehmen. Verstecken Sie in dem Müsli ein paar bunte Smarties. Da diese zwischen dem Rest schwimmen, muss alles mitgegessen werden. Auch wenn Kinder keine „Süßigkeiten" zum Frühstück essen sollten, ist diese kleine Zutat meist gold wert! Und mal ehrlich: Sie essen doch auch schon mal ein Schokoladenbrot oder nicht?

16. Gesunde Schiffchen

Diese Idee sieht klasse aus und schmeckt als „Schiff" getarnt noch besser! Schälen Sie eine Mandarine, teilen Sie diese in Stückchen und spießen Sie sie auf einen kleinen Stiel. Oben kommt ein Dreieck aus Käse, welches das Segel darstellen soll. Auch wenn Käse und Mandarine sonst nicht so der Renner bei Ihren Kleinsten ist, wird dieser Anblick sie sicherlich schwach werden lassen!

Probieren Sie es mal aus! Alternativ können Sie auch anderes Obst und Gemüse nutzen und fantasievolle Fahrzeuge darstellen.

17. Der Obst-Igel

Wie der Name schon sagt, wird ein Igel aus Obst gezaubert. Als Körper kann man zum Beispiel einen halben Apfel nehmen. In den Apfel stecken Sie kleine Zahnstocher rein. Auf die Zahnstocher können Sie dem Igel ein buntes „Stachelkleid“ zaubern, indem Sie verschiedenes Obst aufspießen. Natürlich können Sie auch mehrere kleine Igel zaubern, indem Sie zum Beispiel einen halben Pfirsich oder eine Nektarine als Körper nutzen. Nehmen Sie das, was Ihr Kind am liebsten isst und zaubern Sie ihm damit ein Lächeln ins Gesicht!

18. Nanu? Mama gibt mir Kuchen zum Frühstück?

Keine Sorge! Ja, es ist Kuchen und nein er ist nicht voller Zucker! Ein einfacher Möhrenkuchen kann schnell am Tag zuvor zubereitet werden und wird garantiert nicht mehr in der Vesperbox liegen, wenn das Kind nach Hause kommt! Kinder essen immer mit den Augen. Für sie liegt ein Kuchen in der Box und dieser wird sicherlich so lecker sein, dass er komplett verputzt werden muss. Nutzen Sie die „Unwissenheit" Ihrer Kleinsten gerne mal aus, um sie hinters Licht zu führen. Denn was nach Kuchen aussieht, muss noch lange kein Kuchen sein. Alternativ können Sie auch ein Bananenbrot backen. Auch dieses sieht aus wie ein Kuchen, ist aber gesund.

Rezepte finden Sie im Bonus!

19. Mumien-Würstchen

Auch Würstchen kann man ganz schnell lecker „verpacken". Nehmen Sie fertigen Pizza- oder Blätterteig und wickel Sie diesen in Streifen um die Würstchen. Backen Sie diese kurz auf. Zuletzt drücken Sie klein geschnittene Mozzarella als Augen hinein und haben lustige Mumien-Würstchen. Viel leckerer als normale, da bin ich mir sicher!

20. Knusperriegel selbst herstellen

Klingt sehr ungesund, ist es aber keinesfalls! Nehmen Sie dünne Scheiben Knäckebrot. Bestreichen Sie dieses mit Frischkäse oder auch Marmelade(falls gewünscht) und legen Sie dann Obst oder Gemüse in kleinen Stücken drauf, dann nochmal ein Knäckebrot drüber, eine Schicht Aufstrich und zuletzt oben noch etwas leckeres Obst oder Gemüse. Schön angerichtet, werden Ihre Kinder diese sicherlich nicht mehr in der Lunch Box liegen lassen. Hat ja auch etwas von leckerem Schokoriegel oder nicht?

21. Selbst ist das Kind!

Sie wundern sich sicherlich, warum dieser Tipp extra großgeschrieben ist...
Weil es einer der wichtigsten Tipps und Kniffe ist, den ich Ihnen mit auf den Weg geben möchte!
Lassen Sie die Vesperbox von Ihrem Kind füllen!
Fragen Sie es, was es gerne isst, bereiten Sie dies gemeinsam zu und lassen Sie es das Kind in seiner eigenen Box so anrichten, wie es ihm gefällt.
Alles was Kinder selbst tun, hat eine große Bedeutung für sie. Jedes Wurstbrot von Mama kann noch so eklig schmecken, wenn das Kind genau das gleiche Brot selbst zubereitet, ist es für ihn ein wahrer Gaumenschmaus!
Lassen Sie also Ihr Kind mit ran.
Sie werden merken, dass dies schon der halbe Erfolg ist!

Schlusswort

Wieder einmal sind wir am Ende eines Buches angekommen.
Ich hoffe ich konnte Sie mit den vielen verschiedenen Tipps und Kniffen begeistern, kreativ zu werden und Ihren Kleinsten die leckersten Lunchboxen zu zaubern, die sie je gesehen haben.

Die richtige Ernährung für Ihre Kinder ist das A und O in den ersten Jahren, so dass man sich damit mindestens einmal im Leben beschäftigen sollte. Die Ernährungsgrundlagen, die Ihr Kind in den ersten Jahren lernt, sind die Basis für den Rest ihres Lebens. Lernt Ihr Kind von klein auf, dass es essen darf wann es möchte, was es möchte und wie viel es möchte, wird es später nicht mehr lernen können, dies umzustellen.

Vielleicht kennen Sie das Sprichwort: „Was Hänschen nicht lernt, lernt Hans nimmer mehr!“. Da ist etwas Wahres dran! Vor allem, wenn es um die Ernährung geht.

Zeigen Sie Ihren Kleinsten von Beginn an, was gesunde Ernährung bedeutet und führen Sie Ihnen vor, wie schön und lustig diese aussehen kann. Probieren Sie die verschiedenen kreativen Ideen aus und zeigen Sie Ihren Kindern, dass gesund auch lecker sein kann.

Gehen Sie mit Ihren Kindern gemeinsam einkaufen, lassen Sie das Gemüse oder Obst von ihnen schnippeln und beteiligen Sie die Kleinsten an der Umsetzung der Idee. Alles was Kinder selbst machen dürfen, macht sie sehr stolz und ich kann Ihnen versichern, dass die Boxen beide gleich aussehen können, Ihr Kind aber lieber seine eigene isst als Ihre. Denn es ist das Werk des Kindes und schmeckt deswegen viel besser als Mamas Werk!

Überraschen Sie Ihr Kleinstes mit tollen Ideen und freuen Sie sich mit ihm darüber, wenn es eine leere Box von der Vesper heimbringt.

Mein kleiner Großer ist immer mächtig stolz, wenn er seine Vesperbox leer gegessen hat. Hole ich ihn vom Kindergarten ab, ist dies das erste was er mir aufgeregt erzählt – noch bevor es den Begrüßungskuss gab! Er erzählt es aber auch, wenn er nichts davon gegessen hat... Die Vesperbox ist einfach sein Heiligtum. Umso schöner die Vorstellung, dass beim Öffnen der Box seine Augen zu leuchten beginnen.

Seien Sie stets ein gutes Vorbild und essen Sie das, was Ihr Kind auch essen soll. Denn besonders in den ersten Jahren schauen Kinder sich alles (aber auch wirklich alles!) ab, was Mama und Papa so alles tun und auch essen! Somit müssen die kleinen Naschereien auf abends verschoben werden, wenn die Kinder im Land der Träume angekommen sind. Vielleicht vergessen Sie es dann sogar und Sie ernähren sich automatisch mit den Kindern gesünder.

Ich wünsche Ihnen viel Freude und ganz viel Erfolg mit den 21 kreativen Tipps und Kniffen aus diesem Buch und freue mich, Ihnen schon bald neue spannende Themen mit auf den Weg zu geben.

Alles Gute und leckere Ideen!

Ihre Britta Kohl

Bonus

Brotaufstriche – aber bitte selbstgemacht!

Apfel & Karotte

1 Apfel
1 Karotte
2 EL Joghurt
etwas Zitronensaft

Apfel und Karotte sehr fein reiben und mit dem Joghurt vermengen. Ein Spritzer Zitronensaft dazu und fertig ist der Brotaufstrich.

Frischkäse mal anders

1 EL Erdmandelflocken
1 EL Frischkäse
2 getrocknete Aprikosen oder getrocknete Tomaten oder was dem Kind schmeckt

Getrocknetes Obst oder Gemüse fein hacken und mit Frischkäse und Erdmandelflocken zu einem glatten Brotaufstrich verrühren.

Deftig lecker

1 Ei, hartgekocht und klein geschnitten

2 EL Frischkäse

60gr Käse, gerieben (oder 30gr Käse und 30gr Schinken)

2 TL Schnittlauch oder Kresse oder Basilikum oder Radieschen oder...

Alles verrühren und mit Gewürzen abschmecken.

Powerriegel für kleine Abenteurer

Lieblingsriegel

1	Banane, reif und zerdrückt
40gr	Trockenobst, klein gewürfelt
75gr	Haferflocken
65gr	Rohrzucker
1 TL	Backpulver
½ TL	Zimt
1 TL	Vanillinzucker (oder ½ Vanilleschote)
30ml	Milch
1	Eiweiß

Alles vermischen und auf ein Backblech (mit Backpapier!) streichen.

Im vorgeheizten Backofen bei ca. 175 Grad Umluft ungefähr 25-30 min backen. Noch warm in die gewünschte Riegelform schneiden.

Aprikosenriegel – yummi

300gr	Aprikosen, frisch und reif
1 TL	Butter, geschmolzen
150gr	Haferflocken

Aprikosen klein schneiden und ca. 3 Minuten in wenig Wasser aufkochen. Butter und Haferflocken hinzufügen und vom Herd nehmen. Alles ca. 5 Minuten ziehen lassen. Im vorgeheizten Backofen bei ca. 175 Grad Umluft ungefähr 10 min backen. Noch warm in die gewünschte Riegelform schneiden.

Pizzaschnecken

1 Pck Pizzateig oder Blätterteig aus der Kühlung

Füllung

100gr Frischkäse

100gr Sauerrahm oder Crème fraiche

Tomatenmark oder Ketchup für die Farbe

Nach Belieben 1-3 Zutaten: Speck, Schinken, Paprikawürfel, Mais, Champignogs, getrocknete Tomaten, Lachs, Spinat, Reibekäse

Alle Zutaten verrühren und mit Gewürzen (Salz, Pfeffer, Kräuter) abschmecken.

Den Pizza- oder Blätterteig ausrollen, die Masse darauf verstreichen und von der langen Seite her einrollen. Die Rolle in 2cm dicke Scheiben schneiden und auf ein mit Backpapier ausgelegtes Backblech legen.

Backen Sie die Pizzaschnecken bei 180 Grad Umluft ca. 15 Minuten.

Pfannkuchenrollen

300gr Mehl
2 Eier
100ml Milch oder Wasser
1 Prise Salz
Butter für die Pfanne

Füllung:

- 300gr Spinat (kochen) und 200gr Lachsfilet (über dem Wasserdampf dämpfen) und alles pürieren
- Sauerrahm und Speck
- Apfelmus
- Nutella oder Marmelade

Aus den Zutaten einen glatten Teig rühren und in der Pfanne die Pfannkuchen backen. Die Pfannkuchen auf einem Teller mit Alufolie abdecken und warm halten. Die abgekühlten Pfannkuchen mit der gewünschten Füllung bestreichen, einrollen und in 2cm dicke Scheiben schneiden.

Süße Kuchen für süße Kinder

Möhrenkuchen

1 Ts	Öl
1 Ts	Zucker
4	Eier
3 Ts	Mehl
2 TL	Backpulver
1 Ts	Möhren, gerieben
½ Ts	Nüsse, gemahlen

Verrühren Sie alle Zutaten gut zusammen und füllen Sie diese in eine Kastenform. Backen Sie den Kuchen für 45 Minuten bei 200 Grad und lassen Sie Kinderaugen durch einen gesunden Kuchen strahlen!

Bananenkuchen

3	reife Bananen
200gr	Mehl
1	gestr. TL Zimt
100gr	Apfelmus
1 Pck	Backpulver
2	Eier
50gr	gemische Nüsse (gemahlen und /oder gehackt)

evtl. Schokotropfen

Eier schaumig schlagen, zerdrückte Bananen und Apfelmus unterrühren. Mehl, Backpulver, Zimt und Nüsse dazu geben und alles gut vermengen. Nach Belieben dürfen nun noch kleine Schokotropfen hinzugefügt werden.

In eine Kuchenform oder Muffinsförmchen füllen und bei 180 Grad ca 45 min backen.

Es hat Ihnen gefallen…?

Dann freue ich mich, wenn Sie mir schreiben.
Mit welchen Tricks kreieren Sie eine Lunchbox, die immer leer gegessen wird?
Alle Tipps, Tricks, Ideen und Geschichten finden dann im nächsten Buch ihren Platz – wenn Sie wollen. Das Buch ist für jede Tippgeberin und jeden Tippgeber selbstverständlich gratis!

Ich freue mich über Ihre Nachricht an britta@mini-reich.de

Natürlich bin ich auch total begeistert, wenn Sie mir ein paar Sternchen in Ihrer Rezension schenken! *****

Mein *Geschenk* für Sie!

Ich freue mich riesig, dass Sie sich für mein Buch entschieden haben und hoffe sehr, dass es Ihnen gefallen hat.

Als **Dankeschön** möchte ich Ihnen ein Buch schenken!

Dieses **Geschenk** erhalten **nur Sie**, als Leserin bzw. Leser meines Buches.
Für alle anderen gilt der auf Amazon gelistete Preis ☺

Sichern Sie sich jederzeit und exklusiv Ihr Geschenk unter:

www.mini-reich.de/dein-geschenk

3 Wochen Regen – 21 kreative Spielideen für drinnen

Es regnet in Strömen, Sie haben keine Lust raus zu gehen, für das Wochenende ist nichts geplant und Ihre Kinder quengeln, weil ihnen langweilig ist. Viele Eltern können ein Lied darüber singen.

In diesem Buch möchte ich Ihnen 21 kreative Spielideen für die Regentage an die Hand geben, damit Sie stets einen „Ideenkoffer“ zur Hand haben, der es Ihnen ermöglicht, auch die nicht so sonnigen Tage mit Ihren Kindern effektiv zu gestalten. Die Spielideen werden unterteilt Variante 1, für 3-5 Jährige und Variante 2, für 6-8 Jährige Kinder. Also für jeden ist etwas dabei!

Von mir gibt es noch weitere Bücher…

Tschüss Frühstücksmuffel!
11 Tipps und Tricks wie Ihre Kinder wieder gerne frühstücken

Noch schlaftrunken und halb träumend sitzen die Kinder lustlos am Frühstückstisch und würden sich eigentlich viel lieber wieder unter die warme Decke ins Bett kuscheln. Das Frühstück rühren Sie nicht an und die morgendliche Diskussion nimmt Ihren Lauf. Sie selbst sind in Eile, da Sie selbst zur Arbeit müssen und die Kinder rechtzeitig in den Kindergarten oder in die Schule bringen müssen. Ein Szenario, das wahrscheinlich vielen bekannt vorkommt.

In diesem Buch erfahren Sie 11 Tipps und Tricks, wie Sie Ihre Kinder wieder zum Frühstück motivieren. Ihre Kleinen werden morgens begeistert und erwartungsvoll zum Frühstück kommen.

Starke Kinder!
17 effektive Wege wie Sie das Selbstbewusstsein Ihres Kindes stärken

Starke Eltern – starke Kinder ist das Motto, was vielen Eltern auf Ihrem Erziehungsweg begegnet. Aber was genau bedeutet das?

In diesem Buch finden Sie verschiedene Tipps und Methoden, wie Sie Ihre Kleinsten stärken und Ihnen spielerisch zeigen, dass man keine Angst haben muss sich in der großen Welt da draußen durchzusetzen. Sie motivieren sie dazu, sich zu wehren, wenn es sein muss, aber auch zu helfen, wenn es nötig ist. Starke Kinder brauchen ein starkes Selbstbewusstsein, weswegen man genau dort ansetzen muss.

Freuen Sie sich auf 17 effektive Wege um das Selbstbewusstsein Ihrer Kleinsten zu steigern und sie somit zu kleinen starken Persönlichkeiten zu erziehen.

Achtsamkeit für Kinder

Welche Familie kennt es nicht?
Manchmal geht es zu Hause drunter und drüber. Sie sind gestresst und übertragen dies auf die Kinder. Erwachsene wissen was dann zutun ist: Abschalten, runter kommen und erholen.

Aber was ist mit den Kleinsten?
Die schaffen es noch nicht alleine Momente der Ruhe und Entspannung für sich zu schaffen.
Aber Sie als Eltern können auch Ihren Kindern das Thema Entspannen und Achtsamkeit näher bringen!
Und meist helfen diese Einheiten nicht nur den Kleinsten, sondern auch den Eltern.

Geschenke von Oma und Opa: Geben und Nehmen will gelernt sein!

Die Geburt eines Enkelkindes stellt für Großeltern einen ganz besonderen Moment dar, der sie wiederum an die eigene Elternzeit erinnert. Sie freuen sich darauf, ihr Enkel auf seinem Lebensweg begleiten zu dürfen.
Die Enkelkinder erfreuen sich beim Besuch der Großeltern stets an Kleinigkeiten oder auch größeren Geschenken. Die ausgiebige Freude daran ist den Großeltern anzusehen und führt das Elternteil der Kinder zu der Frage, ob sich Oma und Opa über die Geschenke definieren oder jene Gaben stets ohne Eigennutz und aus purer Nächstenliebe gekauft und gegeben werden.

Dieses Buch beleuchtet das Thema "Geschenke" aus den drei konträren Perspektiven Kind, Eltern und Großeltern. Betrachtet werden die jeweiligen Bedürfnisse und die resultierenden Folgen des Über-Schenkens.

Impressum

1.Auflage

Herausgeberin: Bianca Kafarnik, Thekla-Trück-Str. 7, 76456 Kuppenheim
Covergestaltung: Britta Kohl, Coverfoto: depositphotos.com

Printed in Poland
by Amazon Fulfillment
Poland Sp. z o.o., Wrocław

37218328R00027